# PROGRAMME OFFICIEL

## DU 27 JUILLET AU 2 AOÛT 1910

# CAEN
## GRANDE SEMAINE D'AVIATION

*Champ d'aviation aérodrome de l'entrée de CAEN*

*Pour tous renseignements : 10, Rue de Bernières, CAEN, téléph. 5-13*

### Prix : 50 centimes.

Caen, Imp. Ch. VALIN

# Grande Semaine d'Aviation

## DE CAEN

### Du 27 JUILLET au 2 AOÛT 1910

SOUS LE

Patronage de l'AÉRO-CLUB et du JOURNAL " L'AUTO "

## Comité d'Honneur :

MM. Henry DEUTSCH (DE LA MEURTHE), *Président ;* Henry CHÉRON, Député de la 1re Circonscription de Caen, Sous-Secrétaire d'État à la Marine ; HENDLÉ, Préfet du Calvados ; BOIVIN-CHAMPEAUX, de SAINT-QUENTIN, TILLAYE, Sénateurs du Calvados ; PETIT, Premier Président à la Cour d'Appel de Caen ; MONIEZ, Recteur de l'Académie ; Général BAUGILLOT, Commandant la 10e Brigade ; PERROTTE, Maire de Caen ; LEFORT, Maire de Cormelles ; NIZOU, Président du Tribunal de Commerce ; H. LEFÈVRE, Président de la Chambre de Commerce ; A. BIGOT, Doyen de la Faculté des Sciences, Président du Syndicat d'Initiative du Calvados.

## Comité d'administration :

*Président :* M. LANIER, Président de l'Union Commerciale de Caen et de l'Arrondissement.
*Vice-Président :* M. QUATRAVAUX.
*Secrétaires :* MM. HOUSSAYE et BEAURAIN.
*Trésorier :* M. DETOLLE.
*Membres :* MM. BOIVIN, BURES, DUMONT, JOUENNE, LECOMTE, MARIE, A. POUETTRE, SERVAT, VAUSSY.

# PROGRAMME OFFICIEL

## ORDRE DES ÉPREUVES

### *Sous les règlements de la Commission Aérienne Mixte*

(Fédération Aéronautique Internationale)

## MERCREDI 27 JUILLET

**GRAND PRIX DE CAEN** (Totalisation de durée)

Prix quotidien de durée. | Prix de la hauteur.

Prix des cerfs-volants montés

## JEUDI 28 JUILLET

**GRAND PRIX DE CAEN** (Totalisation de durée. — 2e jour)

Prix de durée (2e jour). | Prix de la vitesse (Eliminatoire de
Cross-Country (1er jour). | biplans, 1er jour).

Prix des cerfs-volants montés

## VENDREDI 29 JUILLET

**GRAND PRIX DE CAEN** (Totalisation de durée. — 3e jour)

Prix de durée (3e jour). | Prix de la hauteur (2e jour).

Prix des cerfs-volants montés

## SAMEDI 30 JUILLET

**GRAND PRIX DE CAEN** (Totalisation de durée. — 4e jour)

Prix de durée (4e jour). | Prix des officiers aviateurs.
Cross-Country (2e jour). | Prix des cerfs-volants montés.

## DIMANCHE 31 JUILLET

**GRAND PRIX DE CAEN** (Totalisation de durée. — 5e jour)

Prix de durée (3e jour). | Prix de la vitesse (Eliminatoire
Prix de la hauteur (5e jour). | de monoplans, 2e jour).

Prix des cerfs-volants montés

## LUNDI 1er AOUT

**GRAND PRIX DE CAEN** (Totalisation de durée. — 6e jour)

Prix de durée (6e jour). | Prix des officiers aviateurs (2e jour).
Cross-Country (3e jour). | Prix des cerfs-volants montés.

## MARDI 2 AOUT

**GRAND PRIX DE CAEN** (Totalisation de durée. — 7e jour)

Prix de durée (7e jour). | Prix de la vitesse.
Prix de la hauteur (4e jour). | Finale (3e jour).

Prix des cerfs-volants montés

# *Aviateurs civils engagés*

## MONOPLANS

| Aviateurs | Appareils | Moteurs |
|---|---|---|
| MORANE | BLÉRIOT | *Gnôme* 50 H. P. |
| AUBRUN | BLÉRIOT | *Clément-Bayard* 40 h. p. |
| LABOUCHÈRE | ANTOINETTE | *Antoinette* 60 H. P. |
| HANRIOT | HANRIOT | *Clerget* 40 H. P. |
| DE CHAUVEAU | ANTOINETTE | *Antoinette* 60 H. P. |

## BIPLANS

| Aviateurs | Appareils | Moteurs |
|---|---|---|
| MARTINET | HENRI FARMAN | *Gnôme* 50 H. P. |
| CROCHON | » » | » » |
| PAILLETTE | SOMMER | » » |
| DAILLENS | » | » » |
| RENAUX | M. FARMAN | » » |
| RIGAL | SOMMER | *Labor Picker* 80 H.P. |

---

# *Aviateurs militaires engagés*

| | | |
|---|---|---|
| Lieutenant | CAMERMANN, | Biplan FARMAN. |
| Lieutenant | ACQUAVIVA, | BLÉRIOT XI-2 *bis*. |
| Lieutenant | MAILLOLS, | Appareil WRIGHT. |
| Sous-Lieutenant | GRONIER, | Biplan FARMAN. |

---

# *Cerfs-Volants militaires*

| | | |
|---|---|---|
| Capitaine | MADIOT, | Cerf-Volant militaire MADIOT. |
| Lieutenant | BASSET, | Cerf-Volant militaire SACONNET. |

# Au Paradis des Dames

**ACTUELLEMENT :**     **CAEN**

Nouveautés d'Eté et Articles pour Bains de Mer

Mise en Vente spéciale de ○ ○ ○ ○
○ ○ ○ ○ Laines fantaisies nouvelles
pour Vêtements et Polos ○ ○ ○ ○
○ ○ ○ ○ en Tricot pour les Sports

---

## ARMES ★ CYCLES ★ PÊCHE & SPORTS

**GRAND CHOIX** de Fusils de Chasse tous systèmes
Accessoires et Munitions. — Cartouches chargées,
dosage garanti.

RÉPARATIONS SOIGNÉES

**HAIMET & GOUGET** 124, rue Saint-Jean
et 2, rue des Carmélites  **CAEN**

# SIGNAUX

AU HAUT DU MAT :

Flamme *rouge*. — On vole

EN DESSOUS :

Un drapeau *jaune*. — Prix de hauteur.

—     *bleu*. — Prix de vitesse.

—     *blanc*. — Prix quotidien.

—     *vert*. — Totalisation de durée.

—     *vert et blanc*. — Finale.

—     *blanc et rouge*. — Prix de la plus grande distance.

—     *bleu et blanc*. — Cross-Country.

—     *rouge et bleu*. — Record battu.

—     *tricolore*. — Prix des officiers.

Nº 1. — Léon MORANE

Morane débuta officiellement en public au meeting de Saint-Pétersbourg, mais sa réputation s'était déjà affirmée à Mourmelon. A Pétersbourg, sur un simple petit Blériot XI, il réussit des choses étourdissantes, tenant tête aux Farman pour la durée, à Popoff pour la hauteur, et s'affirmant sans rival dans les descentes en vol plané.

Depuis, Morane, sur le nouveau Blériot XI 2 *bis*, à deux places, a battu tous les records de monoplan avec passager pour les voyages en rase campagne. On se souvient encore de ses exploits, voyage d'Issy à Toury, par Etampes, et de son record d'une heure trente avec passager.

De là, Morane part à Rouen, et le premier jour, comme en se jouant, il s'élève à quelque 500 mètres de hauteur, pique droit sur Rouen, va contourner les hauteurs de Bon-Secours, revient virer autour du pylône géant que constitue la flèche de la cathédrale !

Mais c'est à Reims où Morane devait se surpasser. En quelques journées, il établissait tous les records du monde de la vitesse, et, enfin, à Bournemouth, il continuait ses exploits, montait à 1.365 mètres, se classant ainsi troisième pour le record du monde de la hauteur derrière Brookins et Latham.

Nº 2. — Emile AUBRUN

Est connu depuis peu de temps seulement, car il fit ses débuts en Amérique, où il ramassa une quantité de victoires.

Aubrun est un des premiers breveté pilote de l'Aéro-Club de France et en même temps un des meilleurs champions du monoplan Blériot.

Depuis son retour en France, il a participé aux meetings d'Angers et de Reims Dans ce dernier, il a battu le record du monde de vol avec un passager.

# PRIX QUOTIDIEN

Le prix quotidien sera attribué chaque jour à celui des pilotes qui aura au cours de la journée tenu l'air le plus longtemps, étant bien entendu, que seuls entreront en ligne de compte les temps de tours entièrement terminés.

Ce prix ne pourra être attribué que pour un vol minimum de cinq minutes.

N° 3. — Marcel HANRIOT

N° 4. — MARTINET

Est appelé le benjamin des aviateurs parce qu'il n'a que seize ans. Depuis le mois de janvier, le fils du célèbre constructeur s'entraîne quotidiennement à Bétheny, et il ne se passe guère une semaine qu'il ne fasse quelques prouesses.

3 juin. — Va de Reims au Camp de Chalons et retour, 70 kilomètres, à une hauteur de 300 mètres.

Vole sur Reims journellement.

Marcel Hanriot a participé aux meetings de Rouen et de Reims et, malgré son jeune âge, s'est classé dans les premiers.

Jeune aviateur qui, pour ses premiers vols, exécuta le sensationnel voyage aérien Mourmelon-Vincennes, ce qui constitue un record.

Martinet débuta en public au meeting d'Angers, où il triompha complètement et gagna la fameuse course Angers-Saumur.

# GRAND PRIX DE CAEN

## 21.500 francs

1er Prix, 10.000 francs ; 2e Prix, 5.000 francs ; 3e Prix, 3.000 francs ; 4e Prix, 1.500 francs ; 5e Prix, 1.000 francs ; 6e Prix, 1.000 francs.

ARTICLE PREMIER. — Ces prix seront décernés dans l'ordre aux pilotes qui auront tenu l'air le plus longtemps pendant toute la durée du Meeting, étant bien entendu que les chronométrages ne commenceront qu'aux heures fixées par les Commissaires des courses, et cesseront aussi bien chaque jour aux heures fixées par les Commissaires des courses que pendant les intervalles qui pourraient être nécessaires pour disputer des prix spéciaux.

ART: 2. — Ne seront chronométrés que les tours de piste entièrement terminés.

No 5. — ANDRÉ CROCHON

Pilote du biplan H. Farman, qui se révéla subitement au meeting d'aviation de Cannes. Depuis ce jour-là, Crochon a exécuté plusieurs exhibitions en France et à l'étranger et a toujours été très demandé.

Il pilote avec autant de maëstria le biplan Sommer que le biplan H. Farman.

No 6. — EUGÈNE RENAUX

Tout jeune encore, Eugène Renaux n'en est pas moins l'un des vétérans du sport. A neuf ans, il y a quelque vingt-cinq ans de cela, il courait déjà en bicycle, puis en bicyclette. Vint l'automobile, et en 1899, sur un tricycle de sa construction, il gagnait Paris-Saint-Malo, battant les grosses voitures. L'année suivante, il gagnait le meeting de l'Exposition et battait le record de Gaillon. Après s'être spécialisé dans les concours, il gagnait, en 1906, la coupe du *Matin*, puis, en 1907, la Coupe de la Presse.

Il y a six semaines, sur la demande expresse de son vieux camarade Maurice Farman, il venait à l'aviation, travaillait avec lui ; avant-hier il passait victorieusement les épreuves du brevet de l'Aéro-Club.

Rompu à tous les exercices du corps, incomparable mécanicien, adroit et audacieux raisonnablement, Eugène Renaux doit faire son chemin dans le sport nouveau qu'il vient d'adopter et ne manquera pas de s'affirmer dans les prochains meetings.

# PRIX DE LA HAUTEUR

## 11.000 francs

### 1er Prix, 8.000 francs ; 2e Prix, 3.000 francs

ARTICLE PREMIER. — Ces prix seront décernés dans l'ordre aux pilotes aviateurs qui auront atteint la plus grande hauteur.

ART. 2. — Chaque appareil inscrit dans cette épreuve, pourra être muni d'un baromètre enregistreur. Cet appareil sera plombé par les soins des Commissaires qui auront le droit de prendre toutes autres mesures pour le contrôle de l'altitude.

ART. 3. — Les Commissaires auront le droit soit d'imposer à chaque concurrent de prendre à bord un enregistreur fourni par les soins du Comité, soit de prendre l'enregistreur d'un concurrent, pour le mettre à bord de l'appareil d'un autre concurrent, soit enfin de prendre un seul appareil pour le donner à tous les concurrents.

ART. 4. — Ce prix ne sera décerné que si l'altitude atteinte par chacun des pilotes aviateurs classés dépasse cent mètres.

ART. 5. — Les départs seront donnés aux jours, heures et dans l'ordre fixé par les Commissaires sportifs, auprès desquels les concurrents devront s'informer de la manière dont se disputera le prix.

Nº 7. — DAILLENS

Un de nos jeunes aviateurs. Fait du biplan et du monoplan. Passionné de l'aviation, il a inventé un appareil sur lequel il compte bien remporter de nombreux prix. Sera certainement un des vainqueurs de notre meeting.

Nº 8. — PAILLETTE

Est un jeune aviateur qui, à Rouen et à Angers, meetings où il débuta, se révéla comme un des meilleurs pilotes du biplan Sommer.

Paillette a à son actif plusieurs performances remarquables. Avec Daillens et Rigal, l'équipe Sommer sera fort à craindre.

# PRIX DE LA VITESSE
## pour les deux Eliminatoires
### 9.000 francs

*Eliminatoire de Monoplans*

1er Prix, 1.000 francs; 2e Prix, 500 francs

ARTICLE PREMIER. — Les départs seront donnés par les Commissaires des courses à intervalles réguliers, à telle distance en arrière de la ligne de départ qu'ils conviendront de fixer. Le temps sera pris au moment où le concurrent coupera en plein vol la ligne de départ.

ART. 2. — Les concurrents devront voler trois tours de piste.

ART. 3. — Le classement sera arrêté d'après les différences de temps de chaque concurrent, entre le moment où il aura coupé la ligne de départ en plein vol au premier tour et en plein vol à la fin du troisième tour.

*Eliminatoire de Biplans*

1er Prix, 1.000 francs; 2e prix, 500 francs.

ARTICLE PREMIER. — Les mêmes dispositions ne sont applicables que pour l'Eliminatoire des monoplans.

LIQUEUR
BÉNÉDICTINE

**Nº 9. — Dr CHAUVEAU**

Sous le nom de Chauveau, un aviateur vint à Mourmelon, dans le commencement de l'année, étonner les populations de Châlons par la sûreté et la beauté de ses vols.

C'était le capitaine Burgeat qui, sous ce nom, exécuta presque quotidiennement des vols remarquables. Là encore Antoinette avait trouvé un bon pilote.

Toujours sous le nom de Chauveau, il participa au meeting de Juvisy, et immédiatement se révéla comme un spécialiste des vols en hauteur.

**Nº 10. — RIGAL**

Rigal ! Ce nom nous ramène au temps où les grandes courses automobiles sillonnaient, non seulement les routes de France, mais encore les routes du monde entier.

Rigal est un de nos grands champions de l'automobile. Ses victoires furent nombreuses, et il fut le premier Français classé dans le dernier Grand Prix.

Rigal, pour faire comme les autres, s'est lancé dans l'aviation. Il a fait son apprentissage d'aviateur à la Croix-d'Hins avec un biplan Voisin. Il continue sur un Sommer et va débuter officiellement au meeting de Caen.

# ÉPREUVE FINALE

## 6.000 francs.

1er Prix, 3.000 francs ; 2e Prix, 1.500 francs ; 3e Prix, 1.000 francs ; 4e Prix, 500 francs.

Article premier. — Les mêmes dispositions générales que pour les deux Éliminatoires ci-dessus, seront applicables à la Finale.

Art. 2. — L'épreuve sera réservée aux deux premiers classés de chaque Éliminatoire.

Art. 3. — Au cas où l'un des concurrents classés 1er ou 3e dans les Éliminatoires ne pourrait prendre le départ, il devrait en aviser les Commissaires des courses une heure avant l'heure fixée pour le départ de la Finale, et sera immédiatement remplacé par le concurrent classé 3e dans sa série Éliminatoire.

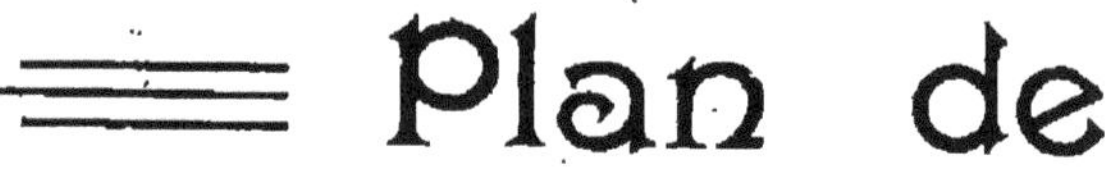
Plan de

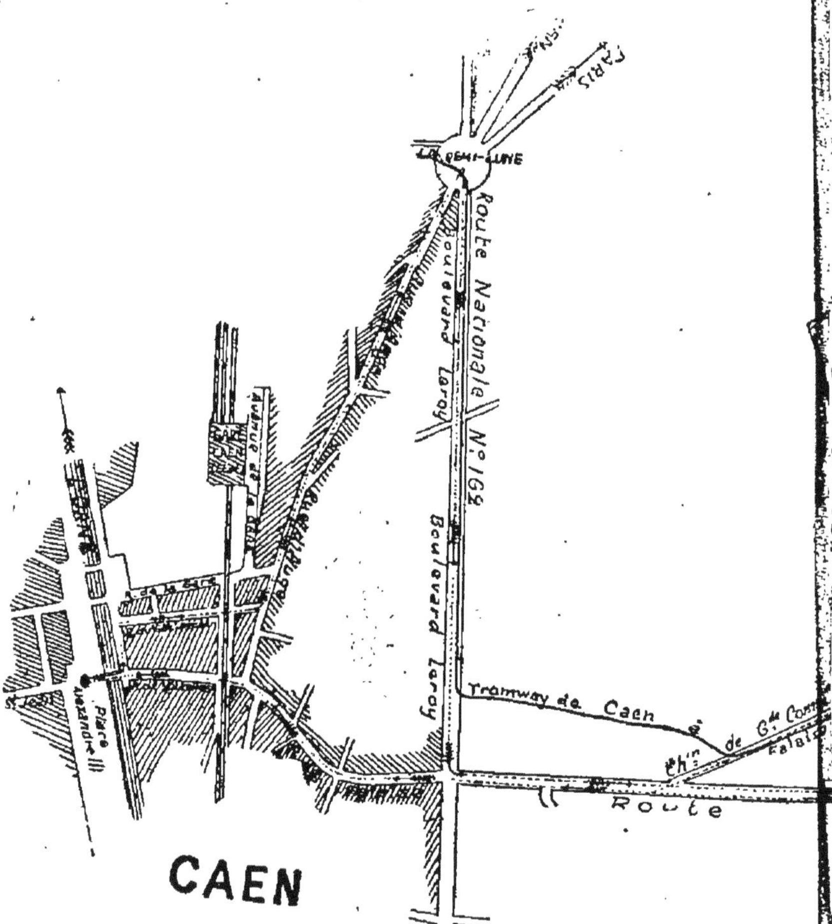

PARIS
LA DEMI-LUNE
Route Nationale No 162
Boulevard Leroy
Boulevard Leroy
Avenue de la
St. Loup
Place Alexandre III
CAEN
Tramway de Caen
Ch. de Gde Communication
Falaise
Route

# Aérodrome

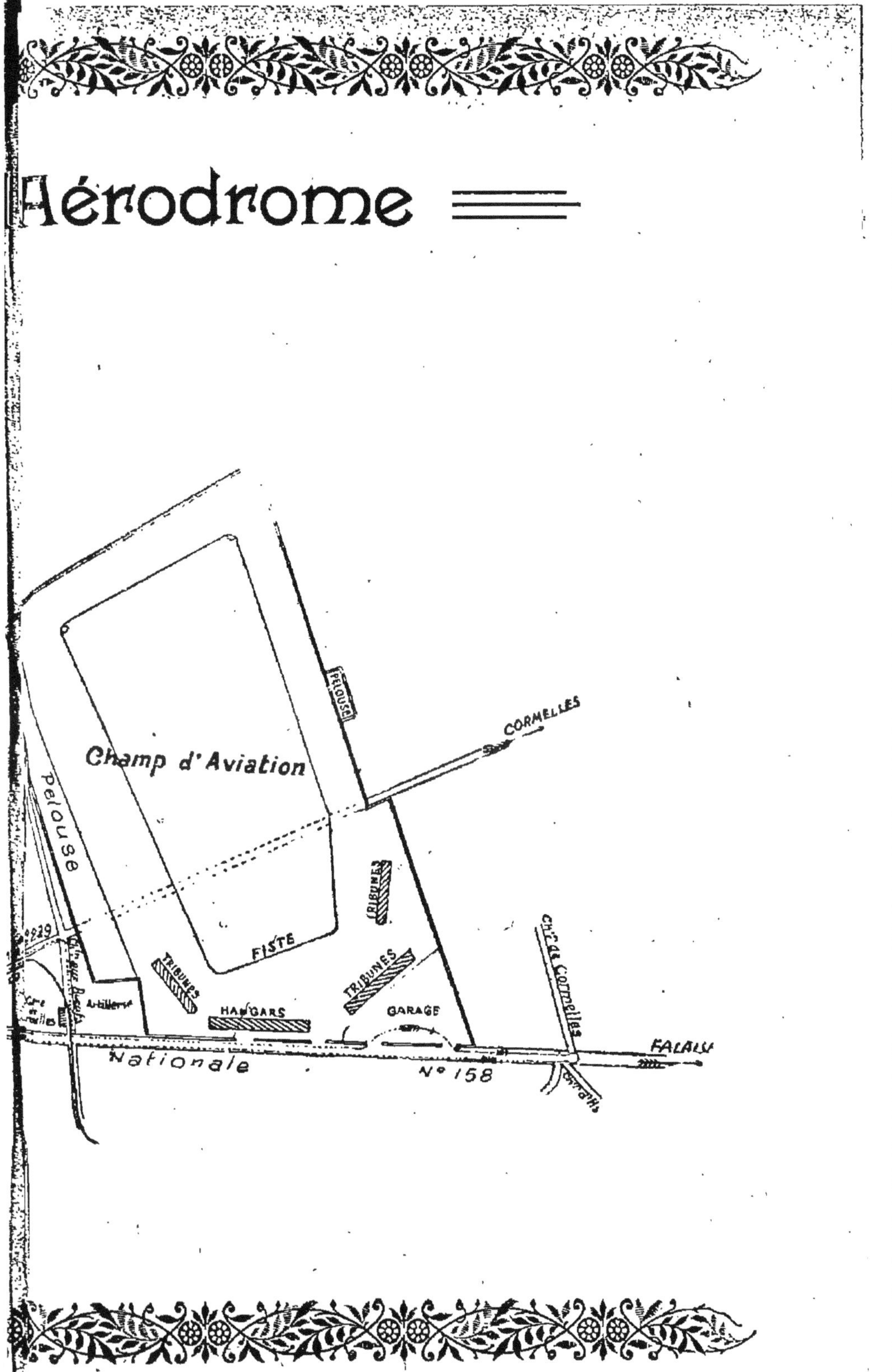


Aérodrome

Nº 11. — LABOUCHÈRE

Labouchère est un de nos plus jeunes aviateurs, et quoique âgé de 19 ans, il a déjà à son actif des performances remarquables.

Labouchère débuta il y a cinq mois, en même temps que Wachter, à l'école Antoinette de Mourmelon. Il devint bientôt chef pilote de l'école.

Ce n'est qu'à Reims que le célèbre aviateur eut l'occasion de se faire remarquer, mais il débuta par un vol qui jeta à terre tous les records du monde. Son vol de 340 kilomètres sans escale, sa participation avec Leblanc et Latham dans la Coupe Gordon-Bennett qui se court à Saint-Louis-de-Missouri, comme champion de France, lui ont donné une telle célébrité, qu'à l'heure actuelle, Labouchère est un des aviateurs les plus recherchés.

# CROSS-COUNTRY AÉRIEN

## 5.000 francs

### 1er Prix, 4.000 francs ; 2e Prix, 1.000 francs

ARTICLE PREMIER. — Les concurrents devront faire hors de l'aérodrome un parcours dont le tracé sera fixé ultérieurement ; la longueur de ce parcours sera fixée entre 5 et 30 kilomètres.

ART. 2. — Le premier et le deuxième de l'épreuve seront les aviateurs qui auront fait les deux meilleurs temps sur le parcours fixé et dans le temps indiqué.

ART. 3. — Le parcours entier devra être effectué sur le même appareil. Les escales sont autorisées.

# CONTROLE DES ÉPREUVES

Le chronométrage des épreuves commencera aux heures fixées par les Commissaires des courses.

Le chronométrage cessera à partir de 7 heures du soir.

Ces heures seront établies et pourront être modifiées par simple décision des Commissaires sportifs.

Le tableau ci-après indiquant la répartition des épreuves est simplement publié à titre officieux ; il pourra également être modifié par les Commissaires sportifs.

Les Commissaires sportifs fixeront dans quel ordre seront donnés les départs et décideront pour chaque journée quels seront les prix disputés.

*Les Commissaires sportifs.*

Le contrôle est fait au moyen des appareils de la maison Richard. (*Voir aux annonces.*)

# OFFICIERS AVIATEURS

## EPREUVE DE VITESSE

1er Prix, Objet d'Art, valeur 3.000 francs.
2e Prix, Objet d'art, valeur 2.000 francs.

Cette épreuve pourra être courue sur 50 kilomètres.

| | |
|---|---|
| Lieutenants CAMERMANN. | Nᵒ 12 |
| dᶜ ACQUAVIVA. | 13 |
| dᵒ MAILLOLS. | 14 |
| Sous-Lieutenant GRONIER. | 15 |

*Ce prix sera disputé le 30 Juillet.*

## OFFICIERS AVIATEURS

# EPREUVE DE LA PLUS GRANDE DISTANCE

1er Prix, Objet d'Art, valeur 3.000 francs.
2e  Prix, Objet d'Art, valeur 2.000 francs.

L'Epreuve de la plus grande distance serait attribuée à l'aéroplane qui couvrirait la plus grande distance sans atterrir.

*Ce prix sera disputé le 1er Août*

# PRIX DES CERFS-VOLANTS MONTÉS

1ᵉʳ Prix, 3.000 francs ; 2ᵉ Prix, 1.000 francs

ARTICLE PREMIER. — Le prix des cerfs-volants est ouvert aux appareils montés, c'est-à-dire à tous les cerfs-volants ou trains de cerfs-volants pouvant enlever une nacelle suffisante pour assurer le logement d'un aéronaute, pesant au minimum 65 kilogrammes.

Les concurrents monteront leurs appareils eux-mêmes sous leur seule responsabilité.

Le concours se disputera tous les jours du meeting après autorisation des commissionnaires sportifs.

Les prix seront attribués dans l'ordre à tous les appareils ayant atteint au minimum l'altitude de 100 mètres et qui seront restés le plus longtemps en l'air.

Le temps sera chronométré pour le départ, du moment où la nacelle du train du cerf-volant aura quitté terre ; le chronométrage au retour sera fait au moment où cette dernière touchera à nouveau terre.

Les commissionnaires sportifs assureront la mesure de l'altitude soit des visées, soit à l'aide de baromètres enregistreurs.

ARTICLE 2. — Les départs seront donnés dans l'ordre et aux heures fixés par les Commissionnaires sportifs.

# PRIX OFFERTS

Conseil général du Calvados. . . . **2.000** fr.

Conseil municipal de la Ville de
Caen. . . . . . . . . . **6.000** »

Administration des Chemins de fer
de l'Etat. . . . . . . . **2.000** »

Compagnie des Chemins de fer du
Calvados . . . . . . . . **500** »

Syndicat d'Initiative du Calvados. . **500** »

# PRIX DES PLACES

Visite des Appareils, le matin de 9 h. 1/2 à 11 h. 1/2 : 1 fr. par personne.

Après-midi. — Tribune de pesage avec plate-forme au 1ᵉʳ étage : **20 fr.**

— Tribune de pesage, abonnement pour les 7 jours : **100 fr.**

— Tribunes de premières A., **10 fr.** — Abonnement. **50 fr.**

— Tribune de seconde B : **5 fr.**

— Tribunes de pelouse de côté, **3 fr.**

— Pelouse, **1 fr.**

Les Enfants au-dessous de 7 ans paieront demi-place. — Il ne sera pas délivré de sortie.

Les entrées aux Tribunes se feront par la route de Falaise ; celles de la pelouse se feront par le chemin de Cormelles.

Pour entrer aux différentes places, prendre son ticket au bureau correspondant, le faire poinçonner à l'entrée et le conserver afin de le présenter à toute réquisition des membres de la Commission de contrôle.

Aux tribunes il sera *délivré* des suppléments permettant de passer d'une tribune à l'autre.

Les tickets ne seront valables que pour le jour où ils auront été délivrés.

Afin d'éviter tout encombrement, se pourvoir de monnaie aux bureaux de change, les bureaux de distribution de Tickets ne faisant pas la monnaie.

Buffets confortables dans toutes les Tribunes. — Poste, Télégraphe, Téléphone, Bureaux de tabac, Cartes postales, Boîtes aux lettres, Bars, Pâtisseries. Boulangeries, etc., etc.

Garages pour Autos, **5 fr.** - Voitures, **3 fr.** - Bicyclettes, **0.50** - Les Bicyclettes n'entreront pas dans les enceintes...

# L'Ouverture des Portes = se fera à 1 h. 1/2.

# LE MEETING SE TERMINERA A 7 ᴴ

Impressions originales pour Réclames
Demandez les croquis à l'Imprimerie
Ch. Valin
Caen.
Travaux de Luxe
Ch. Valin
CAEN
Célérité. Bon Marché

BELLE FERMIÈRE
La plus grande Maison de Vêtements
Rue St-Pierre et Rue Froide CAEN
CONFECTION DE LUXE
POUR
DAMES
& FILLETTES
Les Automobilistes et Cyclistes trouveront dans notre rayon de Sports un Choix considérable des dernières créations en Vêtements d'Auto
MODÈLES DE GRANDE MODE
POUR
HOMMES
& ENFANTS
d'un Bon Marché
INCOMPARABLE
et d'une Qualité
EXCEPTIONNELLE

CH. VALIN
GRAVEUR
IMPRIMEUR